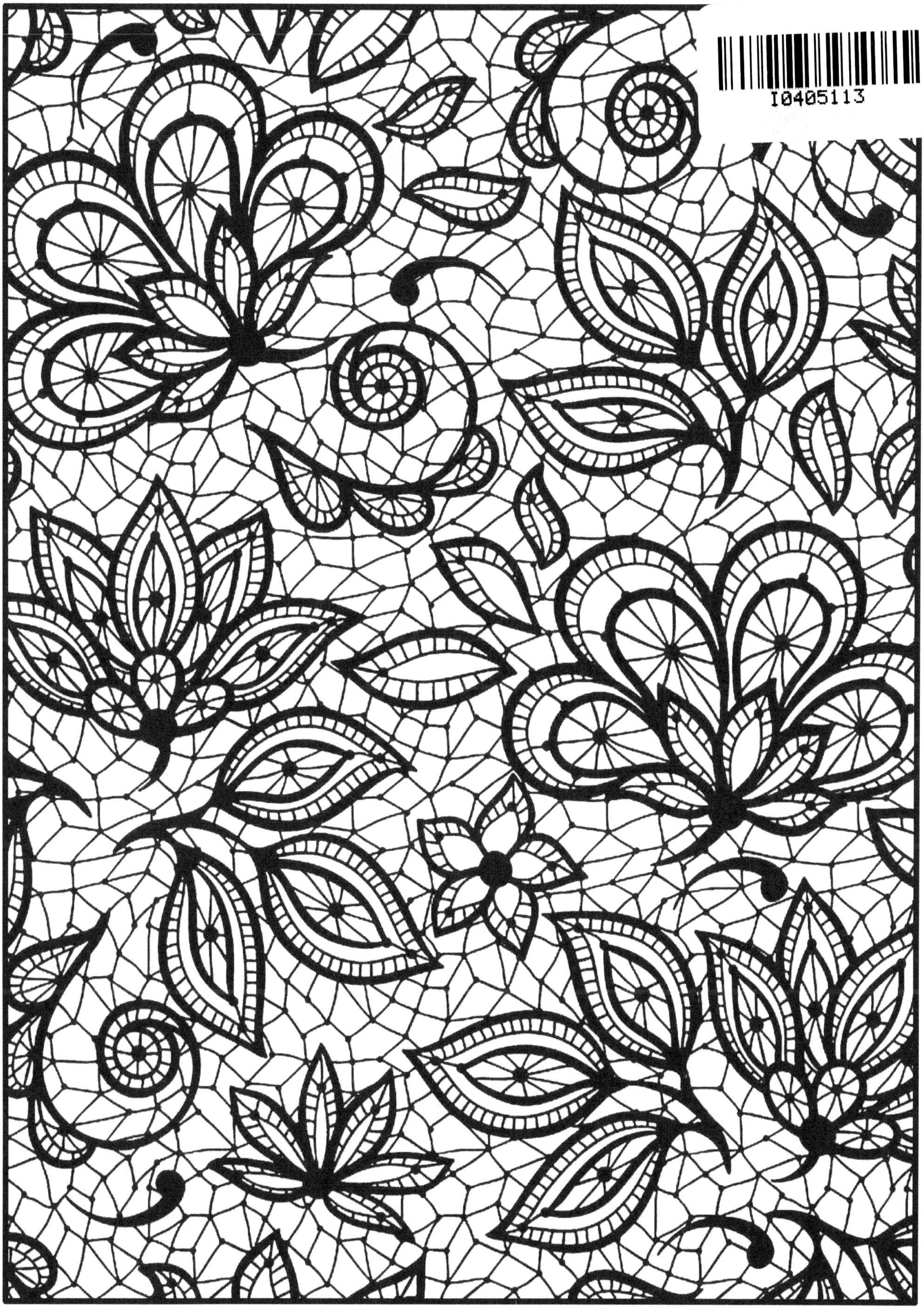

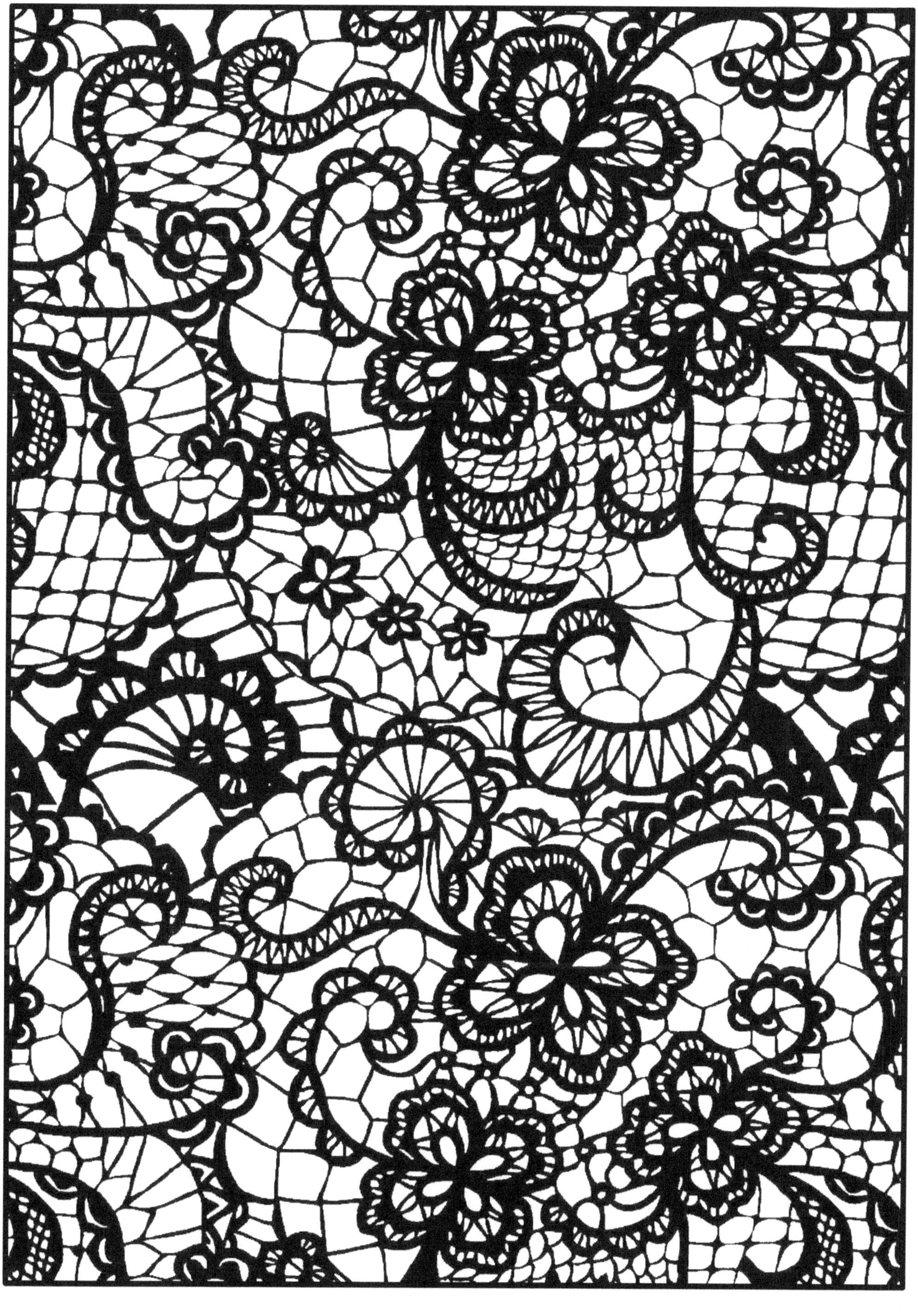

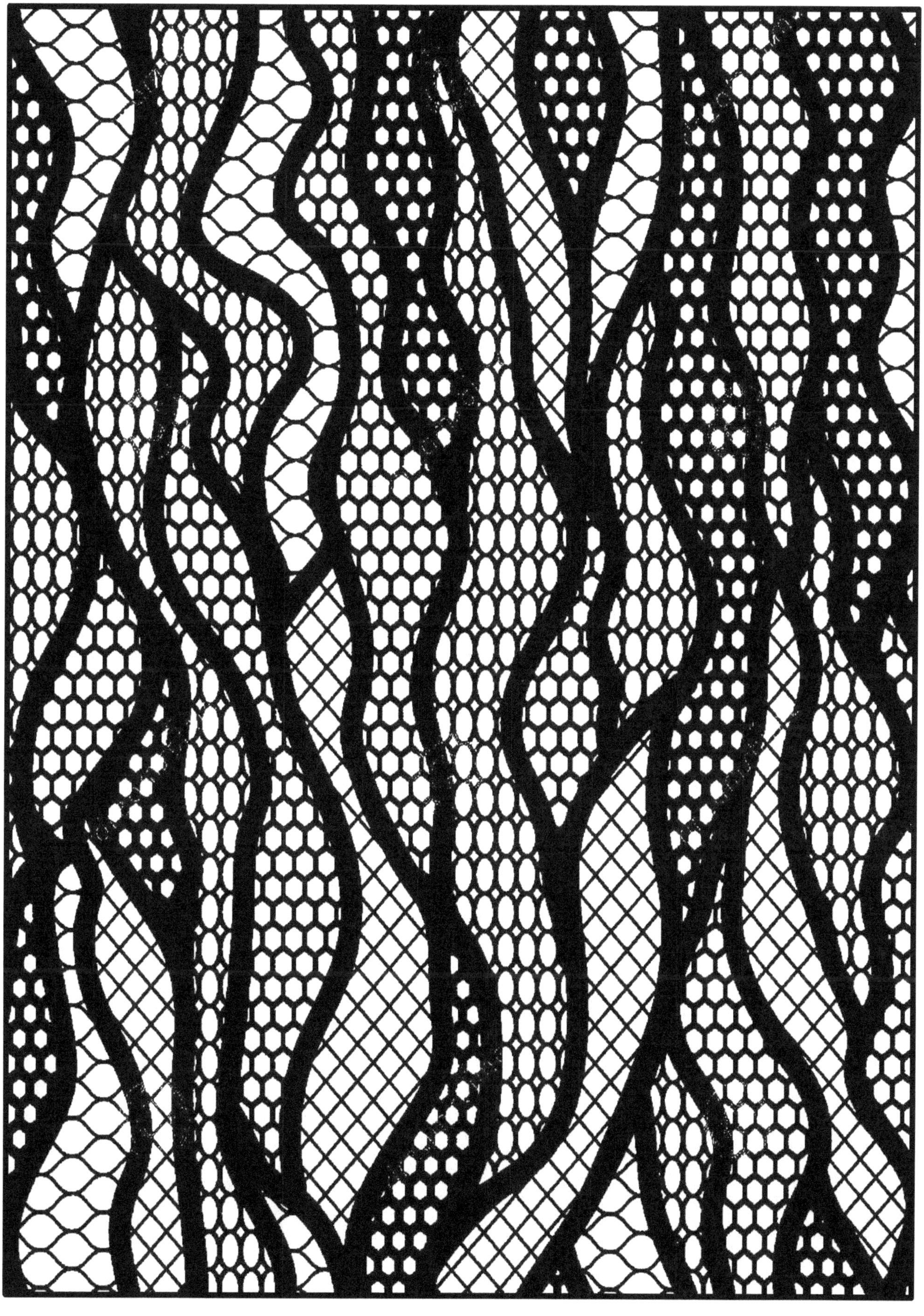

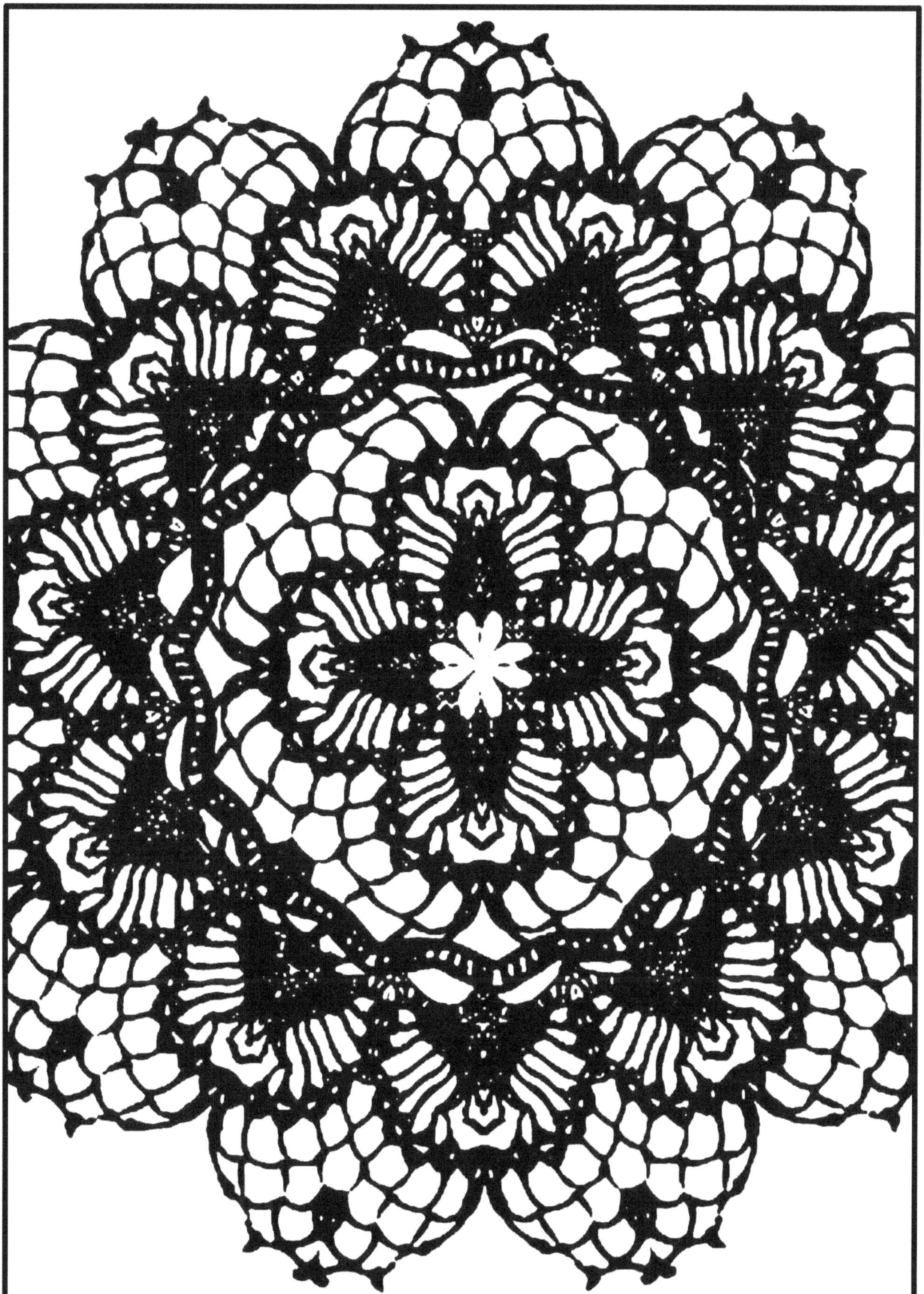

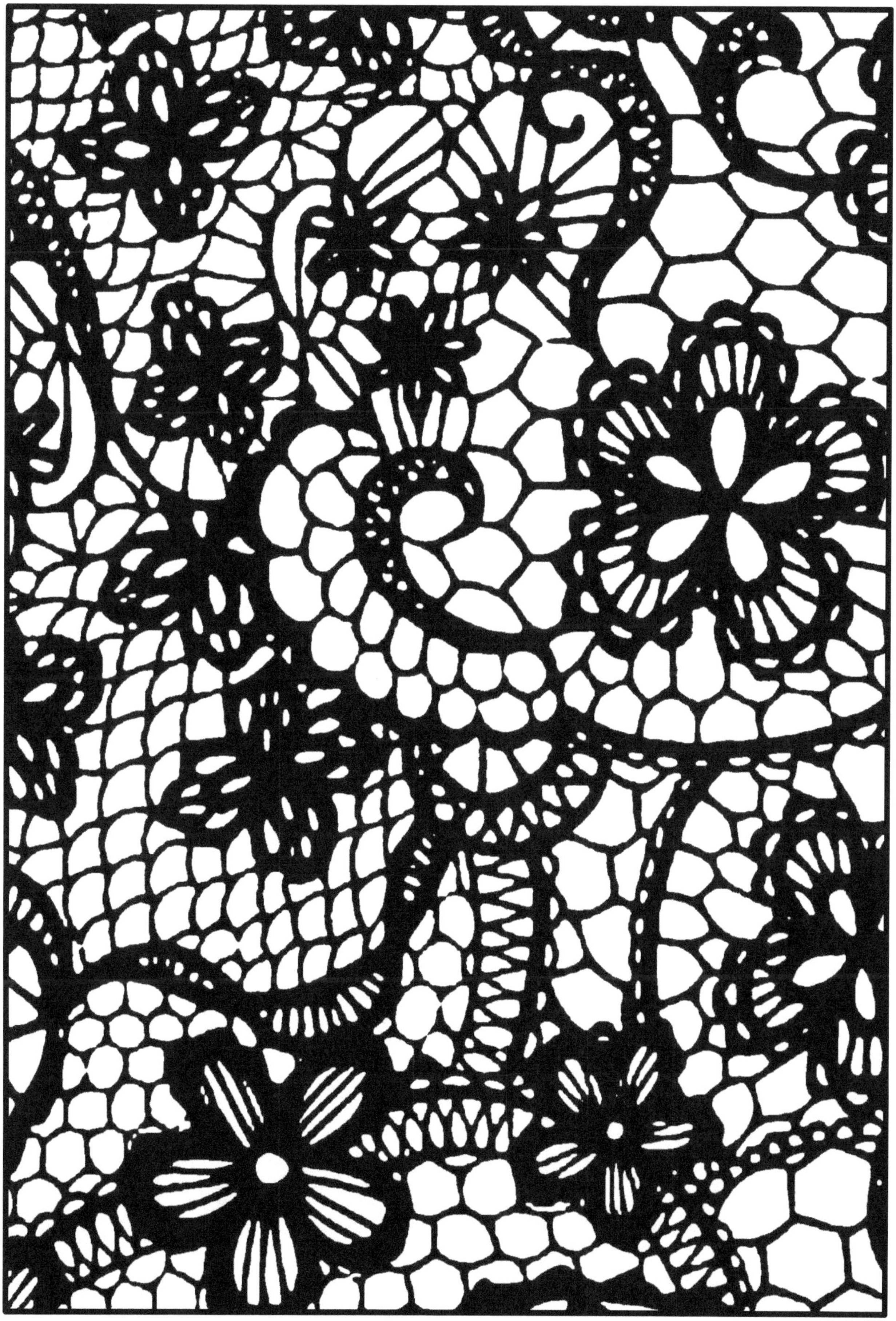

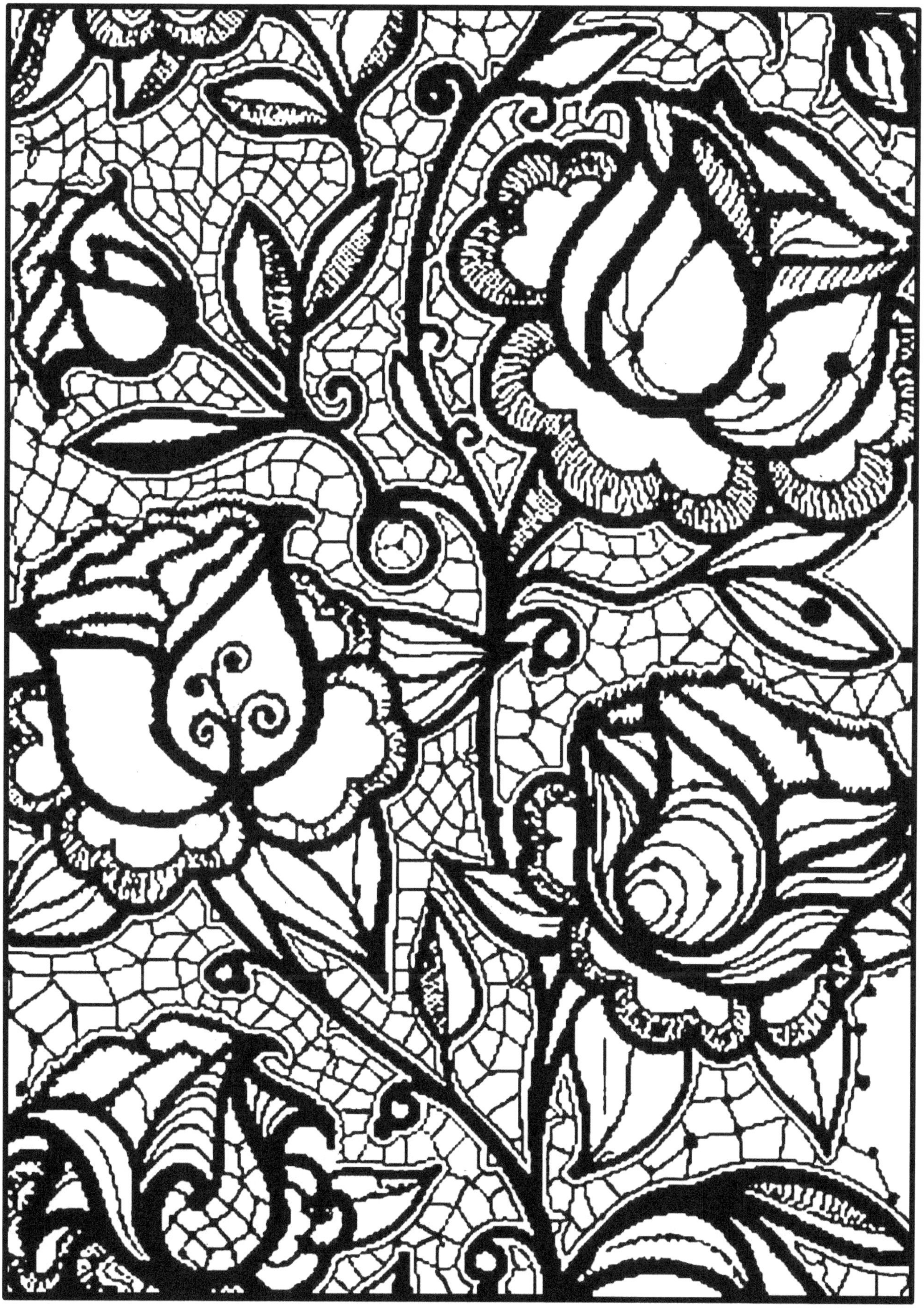

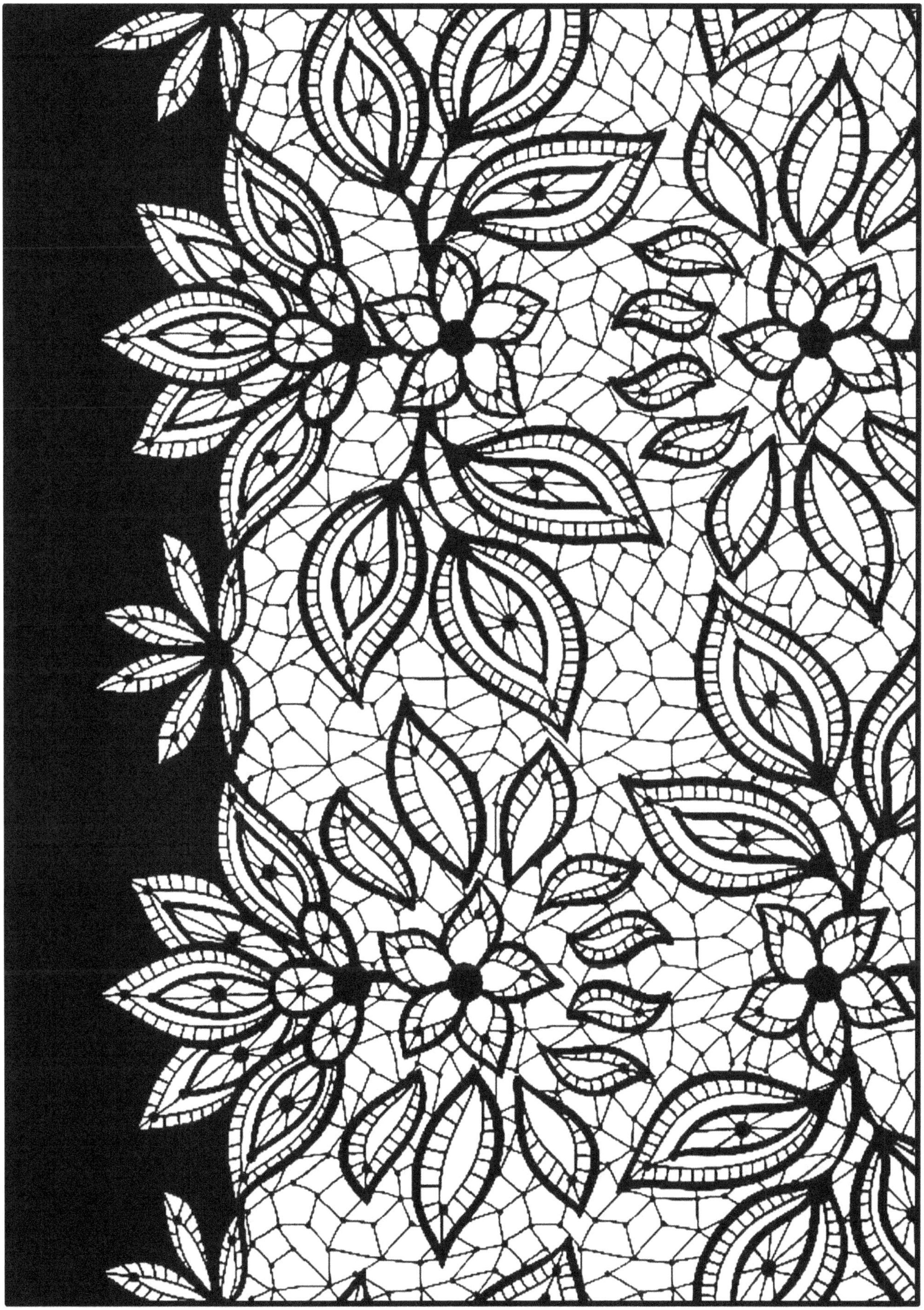

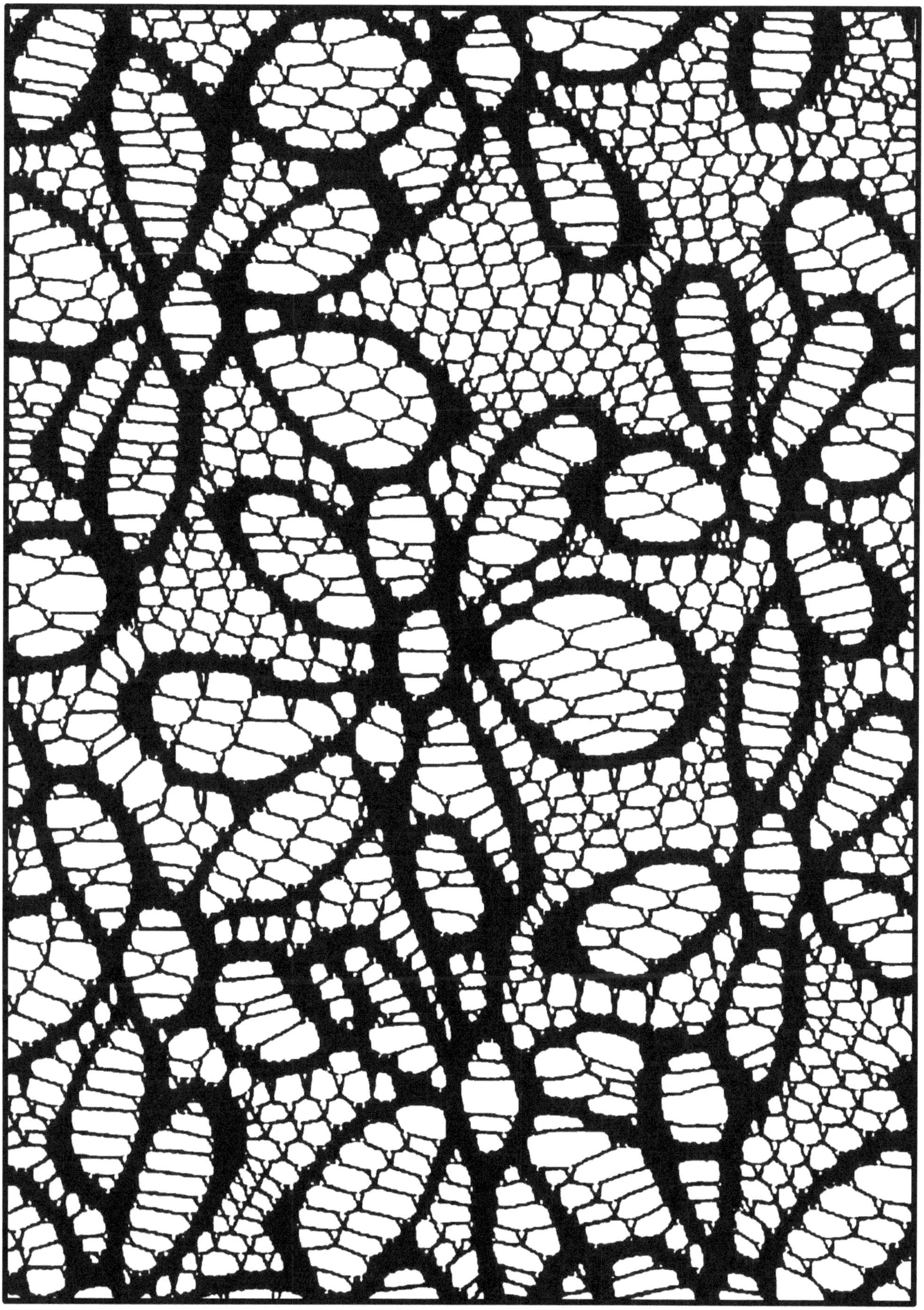

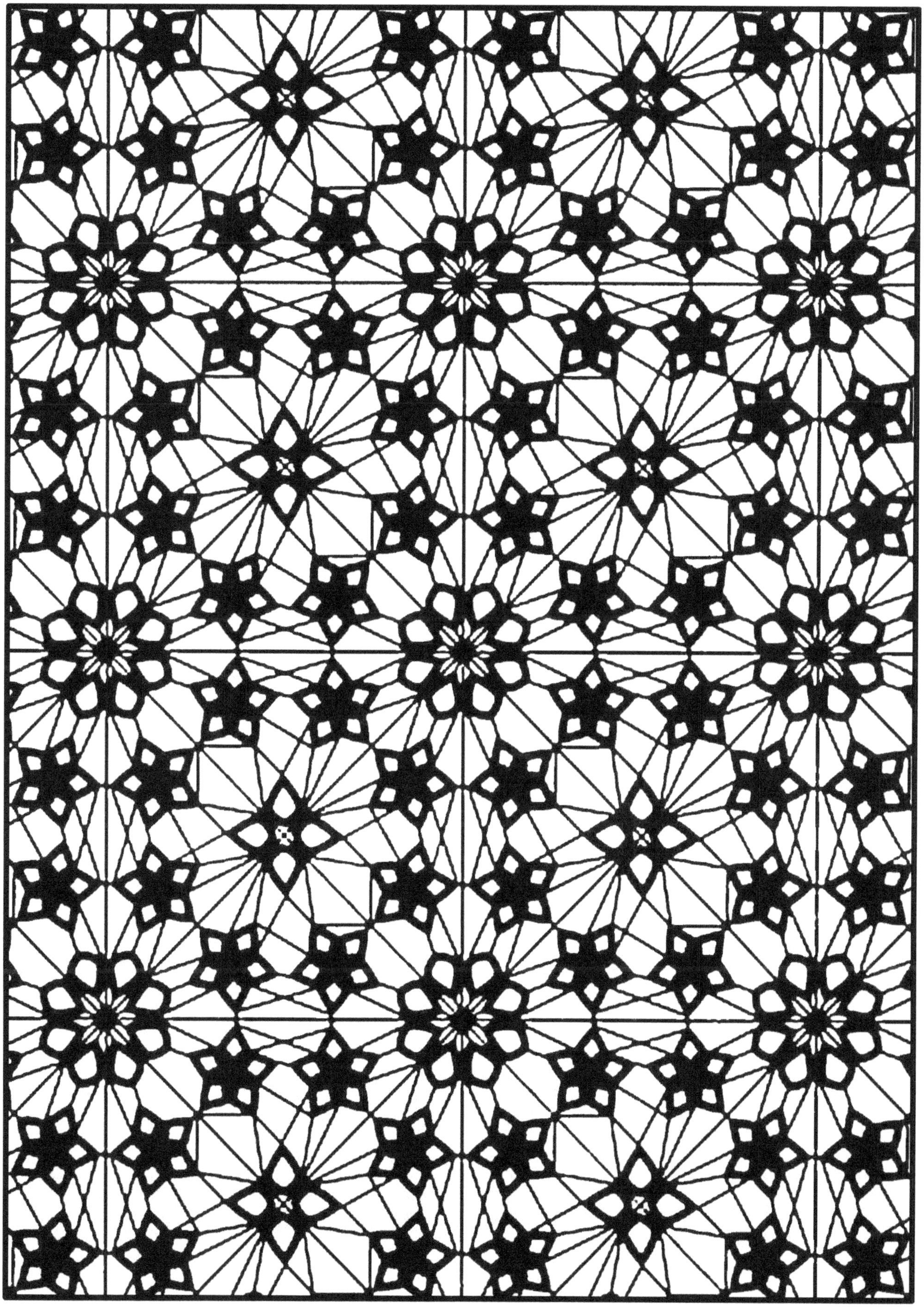

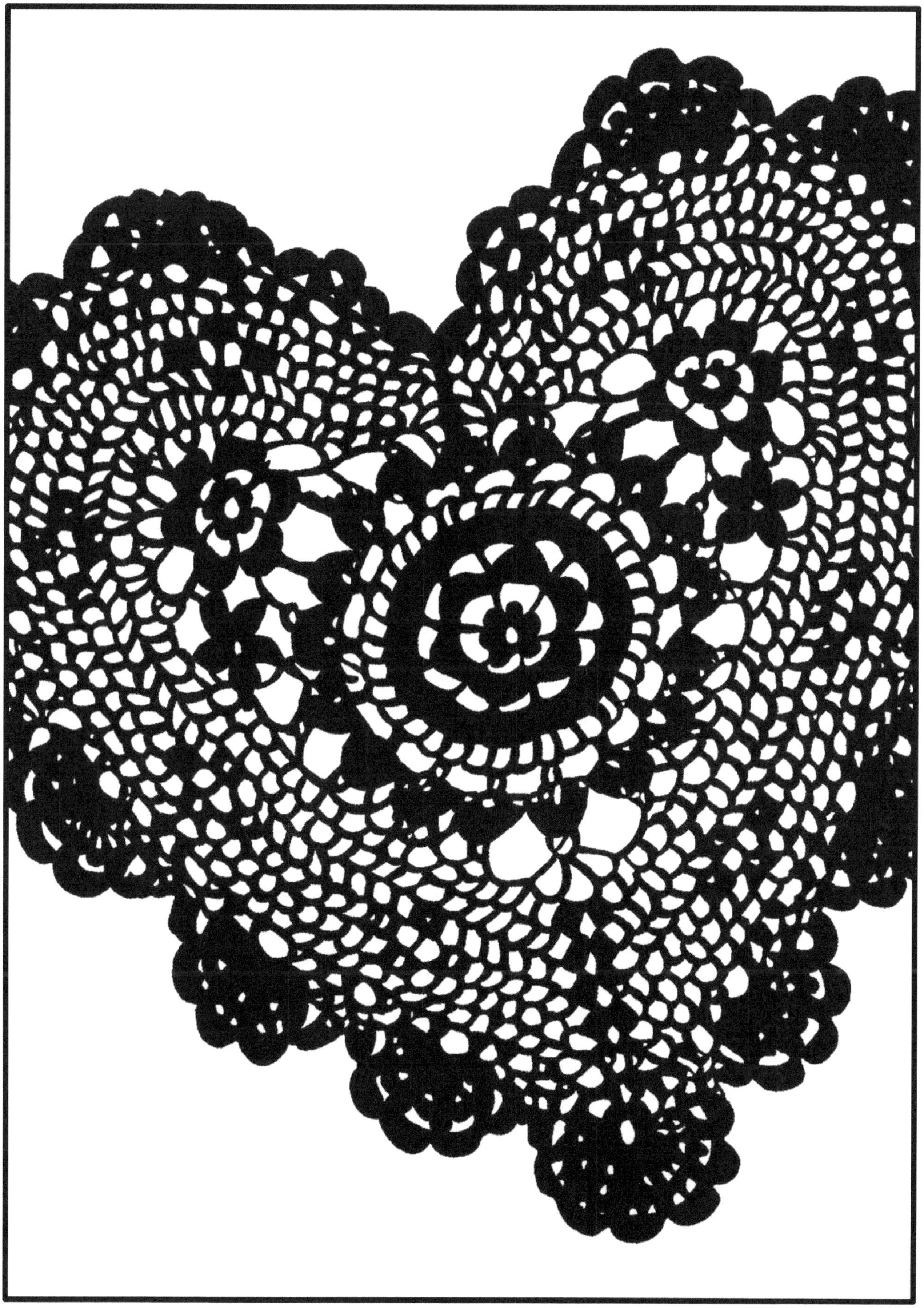

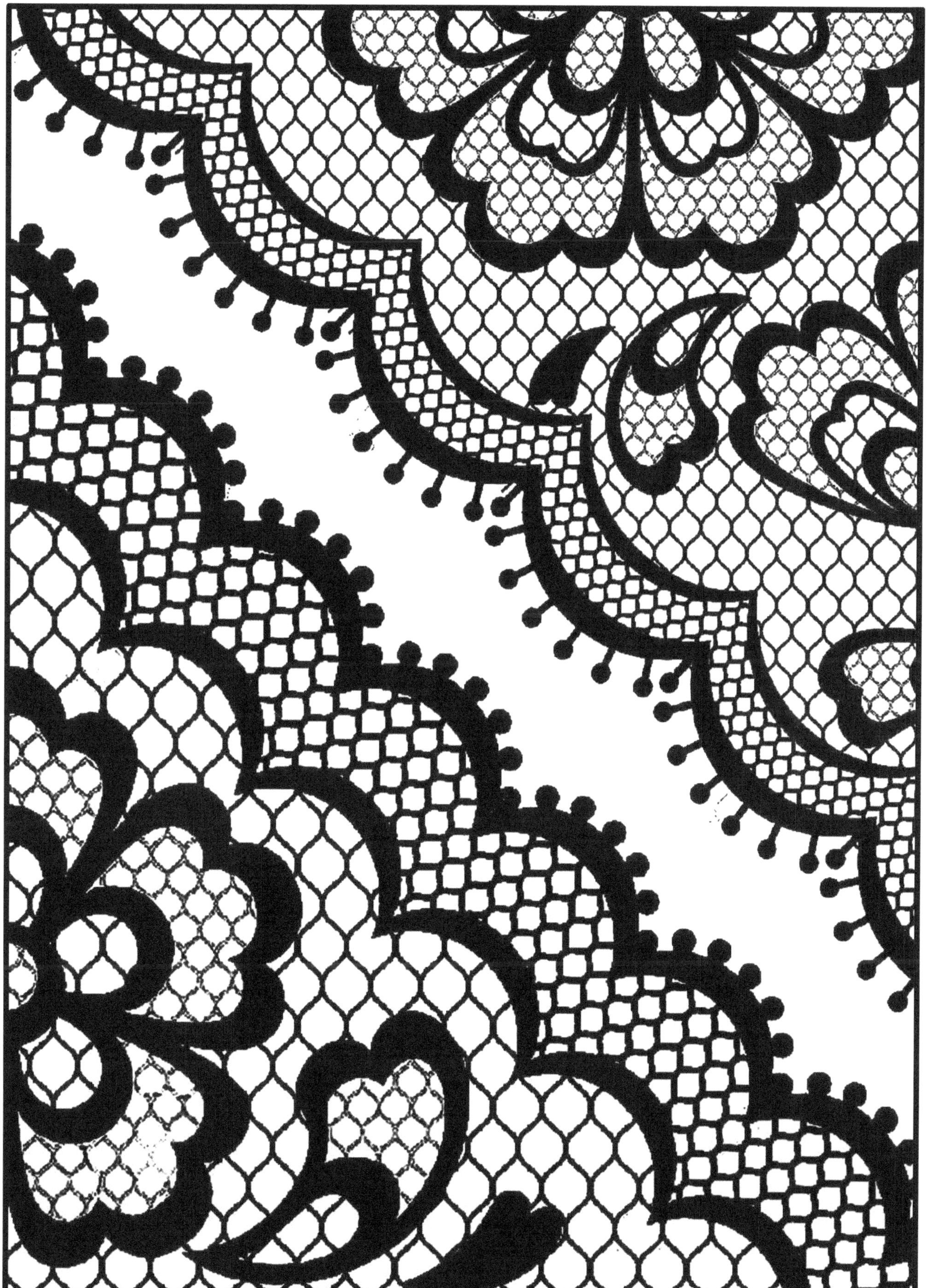

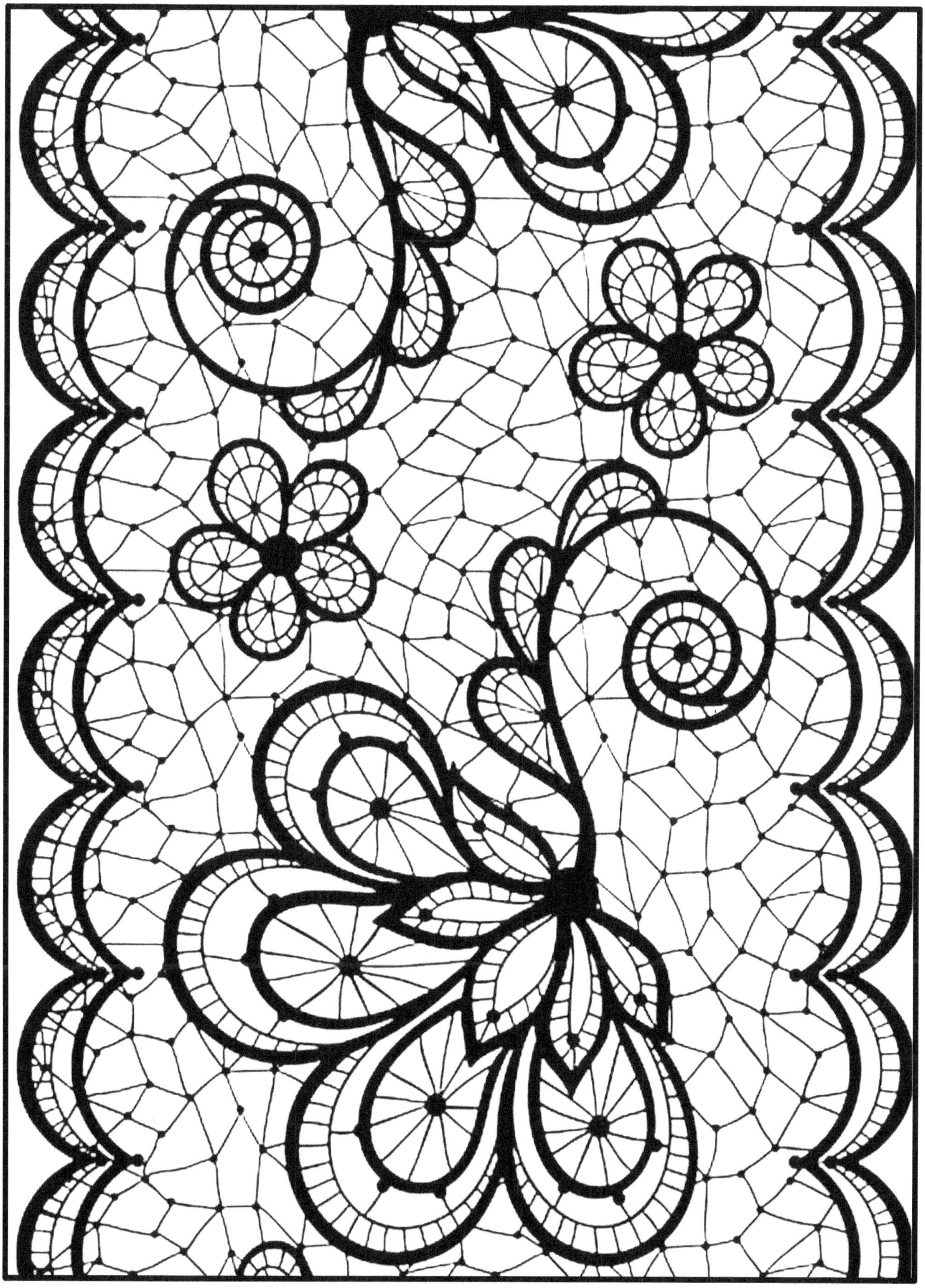

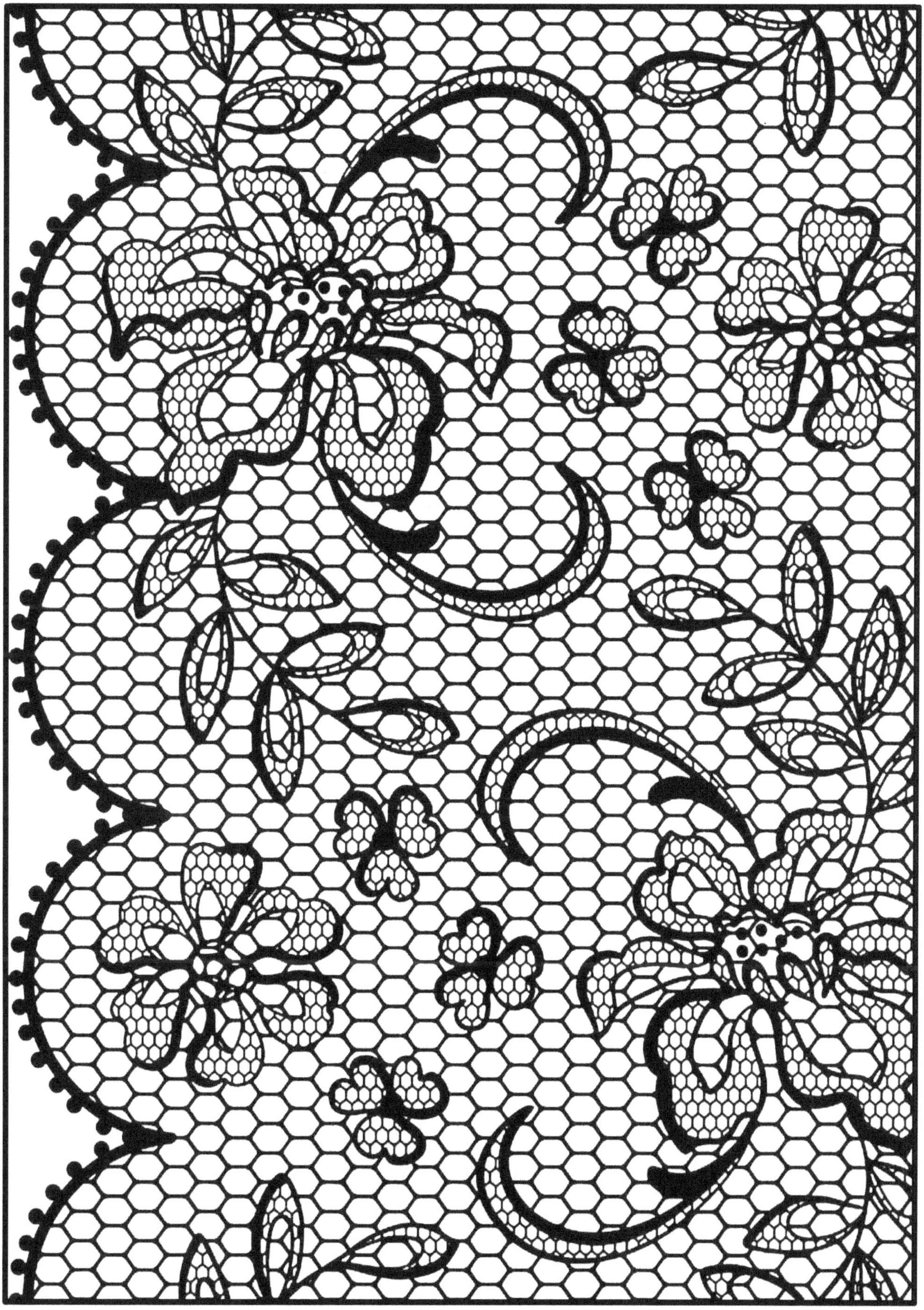

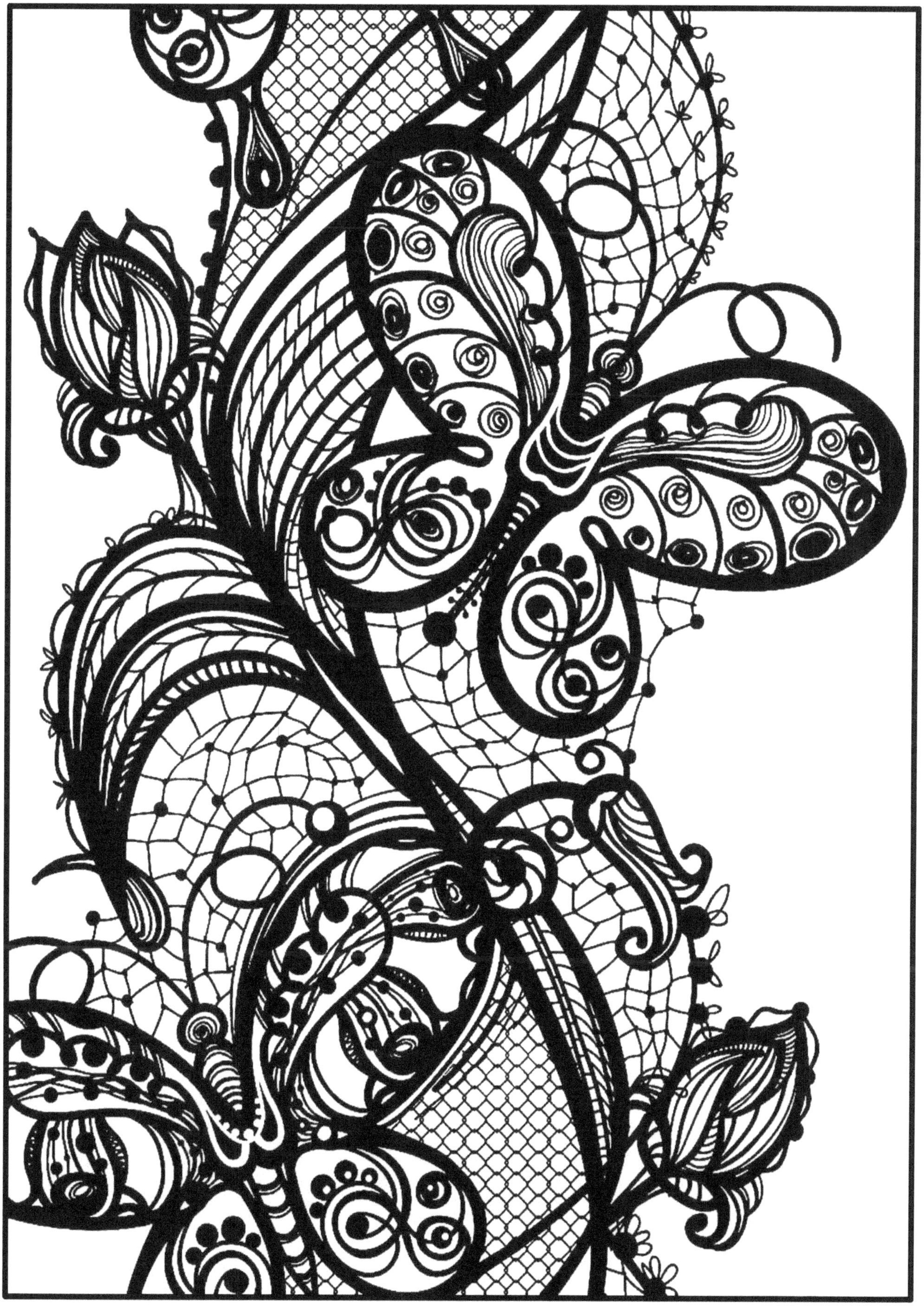

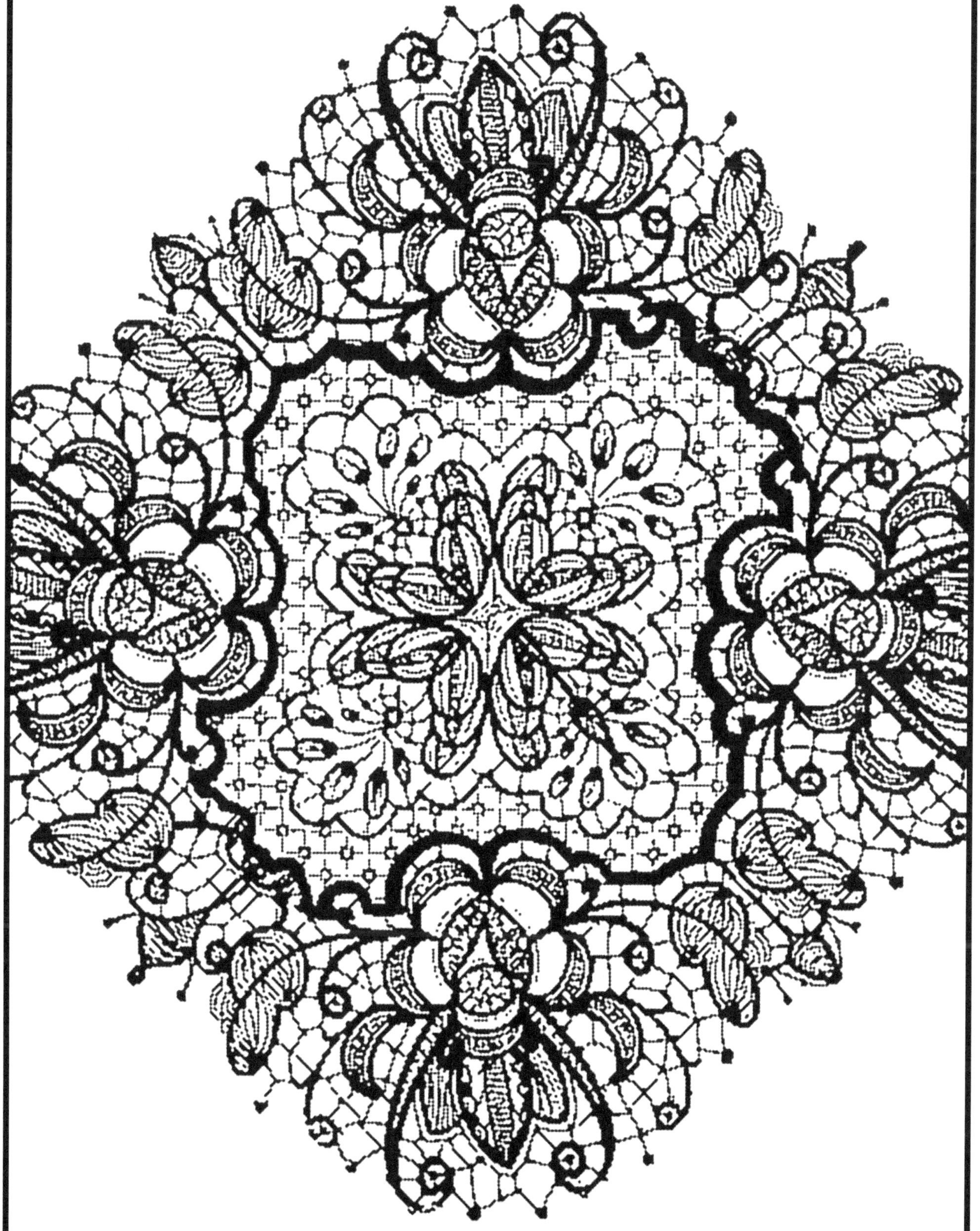

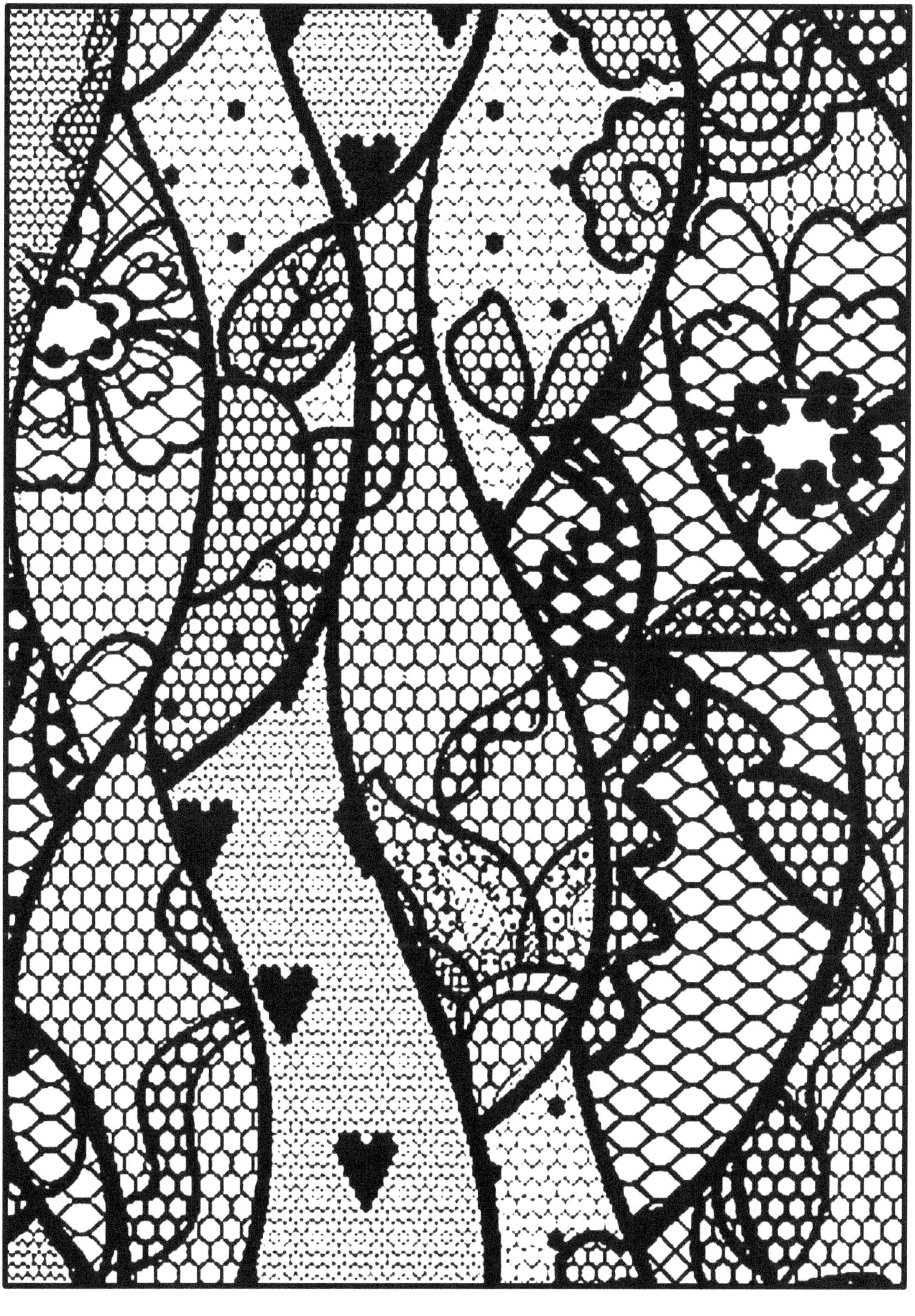

www.ingramcontent.com/pod-product-compliance
Lightning Source LLC
Chambersburg PA
CBHW080526190526
45169CB00008B/3072
* 9 7 8 1 5 3 7 4 1 8 3 0 8 *